CARTAS ASTROLÓGICAS HOLÍSTICAS

Para Orientação, Meditação e Cura

Karni Zor
Ilustrado por Maya Toby-Raveh

CARTAS ASTROLÓGICAS HOLÍSTICAS

Para Orientação, Meditação e Cura

– Guia Ilustrado Completo –

Tradução
Andréa Castellano Mostaço

Editora Pensamento
SÃO PAULO

Título do original: *Using the Holistic Astrological Cards for Guidance, Meditation, and Healing*.

Copyright © 2018 Karni Zor.

Copyright da edição brasileira © 2019 Editora Pensamento-Cultrix Ltda.

1ª edição 2019. / 4ª reimpressão 2023.

Todos os direitos reservados. Nenhuma parte deste livro pode ser reproduzida ou usada de qualquer forma ou por qualquer meio, eletrônico ou mecânico, inclusive fotocópias, gravações ou sistema de armazenamento em banco de dados, sem permissão por escrito, exceto nos casos de trechos curtos citados em resenhas críticas ou artigos de revista.

A Editora Pensamento não se responsabiliza por eventuais mudanças ocorridas nos endereços convencionais ou eletrônicos citados neste livro.

Editor: Adilson Silva Ramachandra
Gerente editorial: Roseli de S. Ferraz
Revisão de originais: Inês Cunha Jorge
Produção editorial: Indiara Faria Kayo
Editoração eletrônica: Join Bureau
Revisão: Bárbara Parente

Dados Internacionais de Catalogação na Publicação (CIP)
(Câmara Brasileira do Livro, SP, Brasil)

Zor, Karni
  Cartas astrológicas holísticas : para orientação, meditação e cura / Karni Zor; ilustrado por Maya Toby-Raveh; tradução Andréa Castellano Mostaço. – São Paulo: Editora Pensamento Cultrix, 2019.

  Título original: Using the holistic astrological cards for guidance, meditation and healing.
  ISBN 978-85-315-2077-8

  1. Astrologia 2. Astrologia e saúde 3. Esoterismo 4. Meditação 5. Oráculo I. Toby-Raveh, Maya. II. Título.

19-27558 CDD-133.5

Índices para catálogo sistemático:
1. Astrologia 133.5
Maria Alice Ferreira - Bibliotecária - CRB-8/7964

Direitos de tradução para a língua portuguesa adquiridos com exclusividade pela
EDITORA PENSAMENTO-CULTRIX LTDA., que se reserva a
propriedade literária desta tradução.
Rua Dr. Mário Vicente, 368 – 04270-000 – São Paulo – SP
Fone: (11) 2066-9000
http://www.editorapensamento.com.br
E-mail: atendimento@editorapensamento.com.br
Foi feito o depósito legal.

Dedicatória

Muito obrigada a todos aqueles que contribuem e contribuíram,
aos visíveis e aos invisíveis,
citados e não citados,
fontes de inspiração
que trazem leveza e alegria ao caminho.

Sumário

Agradecimentos 11
1. Conhecendo as Cartas Astrológicas... 13
2. O Jogo de Uma Só Carta 15
3. O Jogo de Quatro Cartas Astrológicas 17
4. Leituras Adicionais 19
5. Orientações para o Uso das Cartas 21
6. A Série das Casas 23
   - **Carta nº 1:** Primeira Casa – A Casa do Potencial 27
   - **Carta nº 2:** Segunda Casa – A Casa do Tangível 29
   - **Carta nº 3:** Terceira Casa – A Casa da Comunicação 31
   - **Carta nº 4:** Quarta Casa – A Casa da Família 33
   - **Carta nº 5:** Quinta Casa – A Casa da Autoexpressão 35
   - **Carta nº 6:** Sexta Casa – A Casa da Saúde 37

	Carta nº 7:	Sétima Casa – A Casa do Amor	39
	Carta nº 8:	Oitava Casa – A Casa da Espiritualidade....................................	41
	Carta nº 9:	Nona Casa – A Casa dos Horizontes Expandidos	43
	Carta nº 10:	Décima Casa – A Casa do Trabalho	45
	Carta nº 11:	Décima Primeira Casa – A Casa da Vocação	47
	Carta nº 12:	Décima Segunda Casa – A Casa da Transcendência.................	49
	Carta nº 13:	O Ascendente – Novas Possibilidades..	51
	Carta nº 14:	Meio do Céu – Maturidade	53
7.	A Série dos Planetas		57
	Carta nº 15:	O Sol – Consciência...	59
	Carta nº 16:	A Lua – Emoções	61
	Carta nº 17:	Mercúrio – Pensamento	63
	Carta nº 18:	Vênus – Sentimentos	65
	Carta nº 19:	Marte – Ação..	67
	Carta nº 20:	Júpiter – Crescimento	69
	Carta nº 21:	Saturno – Desafios	71
	Carta nº 22:	Urano – Originalidade...	73
	Carta nº 23:	Netuno – Intuição	75
	Carta nº 24:	Plutão – Metamorfose..	77
	Carta nº 25:	Quíron – Cura	79
	Carta nº 26:	Nodo Norte – O Futuro...	81
	Carta nº 27:	Nodo Sul – Dádivas Passadas	83

8. A Série dos Signos 87

    Carta nº 28: Áries, o Carneiro – Entusiasmo.. 89

    Carta nº 29: Touro, o Touro – Estabilidade.. 91

    Carta nº 30: Gêmeos, o Casal – Curiosidade 93

    Carta nº 31: Câncer, o Caranguejo – Cuidado 95

    Carta nº 32: Leão, o Leão – Liderança 97

    Carta nº 33: Virgem, a Donzela – Precisão 99

    Carta nº 34: Libra, a Balança – Equilíbrio.. 101

    Carta nº 35: Escorpião, o Escorpião – Profundidade............................ 103

    Carta nº 36: Sagitário, o Arqueiro – Abertura 105

    Carta nº 37: Capricórnio, a Cabra – Compromisso 107

    Carta nº 38: Aquário, o Aguadeiro – Visão Elevada.............................. 109

    Carta nº 39: Peixes, Dois Peixes Nadando em Direções Opostas –
                    Imaginação 111

    Carta nº 40: A Roda – Harmonia.. 113

9. A Série das Esferas Astrológicas 117

    Carta nº 41: A Chave... 119

    Carta nº 42: Troca... 121

    Carta nº 43: Doação 123

    Carta nº 44: Nobreza 125

    Carta nº 45: Abundância.. 127

    Carta nº 46: Criação 129

Carta nº 47: O Portal	131
Carta nº 48: Flexibilidade	133
Carta nº 49: O Diamante	135
Carta nº 50: A Cachoeira	137
Carta nº 51: O Lago	139
Carta nº 52: A Chama	141

10. Processos de Meditação e Cura 143

11. Guia Completo para Escolher uma Carta de Meditação 144

12. Algumas Palavras Sobre Astrologia no Momento Presente............................ 151

Agradecimentos

A **Maya Toby-Raveh**
quem, com amor e carinho, ilustrou
os maravilhosos desenhos das 52 cartas.

Ao meu amado parceiro na vida, **Rami Zor**,
por estar presente, apoiando e encorajando.

E à minha mãe **Nava Klein**.

1

Conhecendo as Cartas Astrológicas

Desde a Antiguidade, as pessoas usam símbolos e sinais como meio para se expressarem. Seu uso influencia todos os aspectos do ser na experiência humana: a mente consciente, a mente subconsciente, a memória e o aspecto espiritual.

Desde a Antiguidade, as pessoas olham para o Céu e reconhecem seus segredos. "O que está em cima é como o que está embaixo", afirmava o sábio, sabendo que o movimento dos corpos celestes e do universo (o macro) lança luz sobre os processos pessoais e internos que os seres humanos atravessam no planeta Terra (o micro).

Minha jornada como astróloga e profissional holística tem me ensinado que, embora seja possível oferecer soluções e cura, eu prefiro oferecer ferramentas às pessoas para que elas sempre possam ajudar a si mesmas.

As Cartas Astrológicas foram desenvolvidas ao longo de anos de experiência no trabalho com pessoas. Elas são fruto de uma intensa jornada em busca do entendimento do simbolismo astrológico, assim como de seu poder de previsão, orientação e cura. O objetivo foi criar uma ferramenta acessível, que ofereça um processo de crescimento significativo e progressivo ao usuário das cartas todas as vezes, sistematicamente.

As Cartas Astrológicas lançarão você nas frequências vivas e pulsantes dos planetas, signos e casas astrológicas através de símbolos, desenhos, cores, números e letras. Esses símbolos ganham vida e geram um processo interno natural, que nos ajuda a nos reconectarmos com nossas origens. Dessa forma, elas nos oferecem direção, orientação e cura.

O baralho das Cartas Astrológicas contém **quatro séries de canais conforme os três níveis do mapa astrológico**:

- As **Casas** – a experiência diária (cartas amarelas).
- Os **Planetas** – os vários canais celestiais através dos quais os seres humanos são influenciados e agem (cartas verdes).
- Os **Signos** – as frequências elevadas e precisas que chegam até nós vindas das estrelas distantes (cartas azuis).
- As **Esferas Astrológicas** – a área distante onde os signos astrológicos se originam (cartas rosas).

2

O Jogo de Uma Só Carta

Para auto-orientação

A maneira mais simples de usar as cartas é mentalizar qualquer pergunta para a qual você deseja receber uma resposta, orientação ou direção. Depois de ponderar profundamente sobre a pergunta, peça que uma resposta precisa seja dada e embaralhe as cartas, mantendo-as viradas para baixo. Aleatoriamente, escolha uma carta sem olhar. Coloque o baralho sobre a mesa e vire a carta. Reflita sobre a carta, suas cores e seus símbolos e, intuitivamente, tente encontrar a resposta. Se necessário, este livro poderá ser aberto para que você leia mais sobre uma carta específica.

Lendo para outra pessoa

Em primeiro lugar, embaralhe você mesmo as cartas para se conectar à frequência delas. Em seguida, peça para outra pessoa embaralhar novamente as cartas e ao mesmo tempo se concentrar na pergunta a ser feita. Peça para a pessoa colocar as cartas viradas para baixo sobre a mesa. Puxe a carta de cima do baralho para ler. Ao final da leitura, embaralhe mais uma vez as cartas para atualizar e reforçar a sua conexão com elas.

3

O Jogo de Quatro Cartas Astrológicas

Caso deseje uma orientação ou direção mais detalhadas, é possível fazer uma leitura ampliada. Depois de ponderar profundamente sobre a pergunta e pedir uma resposta precisa, embaralhe as cartas, mantendo-as viradas para baixo. Selecione uma carta de cada cor. A amarela será a primeira carta a ser tirada (da Série das Casas); a verde virá em segundo lugar (da Série dos Planetas); a azul, em terceiro lugar (da Série dos Signos), e a rosa (da Série das Esferas Astrológicas) será a quarta.

A *Carta das Casas* informa em qual área reside a pergunta: parceria, finanças, trabalho, pessoal etc.

A *Carta dos Planetas* informa qual é a melhor faculdade mental a ser usada ou qual faculdade mental está em ação: intuição, subconsciente, cérebro, emoções etc.

A *Carta dos Signos* dá o caráter e a frequência específicos para a resposta e acrescenta detalhes característicos e importantes em relação à questão e à natureza da direção ou orientação. Por exemplo: se forem as emoções, que tipo de emoções? O comprometimento de Capricórnio, a paixão de Escorpião ou a gentileza de Peixes?

A *Carta das Esferas Astrológicas* nos apresentará uma tarefa de desenvolvimento que poderemos escolher assumir a fim de tirarmos o melhor partido da situação.

Em primeiro lugar, reflita sobre a distribuição das cartas. Conecte-se aos símbolos, desenhos e cores a fim de receber orientação diretamente delas. Posteriormente, você poderá encontrar informações sobre cada carta neste livro.

Ao ler para outras pessoas, peça-lhes que pensem sobre a pergunta enquanto embaralham as cartas. A seguir, peça que escolham uma carta de cada série. Ao final do processo, lembre-se de embaralhar as cartas você mesmo para se reconectar com elas.

Outro método: Se a leitura for a respeito de um assunto em particular, como relacionamentos, trabalho, família etc., a carta específica da Casa associada àquela área poderá ser puxada do baralho (a Casa relacionada à família, finanças etc.). As outras três cartas, Planetas, Signos e Esferas Astrológicas, serão escolhidas aleatoriamente.

4

Leituras Adicionais

Há inúmeras possibilidades de leitura e interpretação das Cartas Astrológicas. De fato, você pode pensar em qualquer pergunta para a qual deseja orientação e planejar seu próprio jogo que levará à resposta. Você também pode optar por usar todo o baralho ou apenas uma série particular de cartas.

A seguir, dois exemplos:

O que assiste e o que se opõe?

A primeira carta tirada, a ser colocada do lado direito, representará aquilo que prejudica a questão. A segunda carta tirada, a ser colocada do lado esquerdo, representará aquilo que promove a questão. Você poderá abrir o baralho inteiro ou apenas a Série dos Planetas para ver quais faculdades promovem ou trabalham contrariamente a hoje/esta semana/minha carreira profissional etc.

Passado, presente, futuro

É possível examinar como uma situação está se desenvolvendo usando-se três cartas. A primeira carta tirada representa o passado e deve ser colocada próxima a você. A segunda carta, o presente, é colocada ligeiramente mais distante de você do que a primeira e a terceira cartas, um pouco mais distante ainda, é o futuro. Este método pode oferecer uma perspectiva mais ampla e de longo prazo a uma situação em particular como trabalho, relacionamentos etc.

5

Orientações para o Uso das Cartas

Antes de iniciar uma leitura, meditação ou processo de cura, é importante preparar a ecologia do ambiente no qual irá trabalhar.

As cartas devem ser colocadas sobre uma mesa limpa e sem bagunça.

Fique em silêncio por alguns minutos a fim de se preparar antes do processo.

Recomenda-se que você seja o único leitor, pois as cartas se tornam cada vez mais imbuídas da sua energia específica conforme vão sendo usadas.

Use as cartas para bons propósitos, para ajudar a si mesmo e aos demais.

Nunca faça uma leitura para alguém sem a permissão dessa pessoa.

6

A Série das Casas

A Série das Casas identifica: qual área da vida necessita ser considerada neste momento? Em qual área a resposta pode ser encontrada? Talvez a pergunta seja sobre relacionamentos, mas a carta puxada indica que a verdadeira área é a da identidade e autoconfiança (Primeira Casa) ou a capacidade de expandir nossos horizontes (Nona Casa).

Uma única carta pode ser tirada de forma independente ou combinada com uma carta dos Planetas e uma dos Signos para uma leitura completa.

Caso se deseje uma leitura completa, pode-se escolher de modo aleatório uma carta da Série das Casas, ou conscientemente escolher a carta das Casas relacionada à pergunta em questão. Como exemplo, para uma pergunta sobre um relacionamento, a carta da Sétima Casa poderia ser usada para abrir a leitura. Para uma pergunta sobre dinheiro, a carta de abertura seria a da Segunda Casa etc. Depois de pegar a carta apropriada, as próximas duas cartas podem ser escolhidas aleatoriamente, uma dos Planetas e outra dos Signos.

1ª Carta

A Casa do Potencial

Primeira Casa – A Casa do Potencial

A Primeira Casa diz respeito ao grande potencial latente dentro de nós. Assim como o botão contém o todo e, mesmo que ainda invisível, a flor, o nosso eu adormecido está dentro de nós com seu potencial pleno, esperando para florescer e ser revelado. Todas as possibilidades estão dentro de nós: nossos talentos, habilidades e qualquer caminho possível que escolhermos tomar.

A carta da Primeira Casa fala da nossa essência, do nosso eu interior, antes de fazermos qualquer escolha. Dentro deste potencial há enorme força e poder.

Esta carta aponta para a autorreflexão, mesmo quando a pergunta estiver relacionada a outra pessoa ou questão. Ela nos informa que nossa conduta diz respeito, primeira e principalmente, a nós mesmos e que devemos nos examinar atentamente: nossos talentos, inclinações, desejos genuínos e motivações.

Esta carta pode ser usada como abertura em uma leitura completa para descobrirmos nosso potencial, nossa essência interior e a fonte interna de nosso poder.

Um processo meditativo com esta carta ajudará a nos conectarmos com nossa fonte interior de poder e com o potencial guardado internamente que nos ajudarão a irradiar quem verdadeiramente somos.

> **Afirmação:**
> Todas as possibilidades estão dentro de mim.

2ª Carta

Segunda Casa – A Casa do Tangível

Esta carta nos localiza no mundo físico e material. Ela fala sobre estar ancorado, ser realista e prático.

Ela trata de como nos relacionamos com nossa propriedade, dinheiro, casa e corpo. Recorda-nos que devemos estar conscientes da abundância em que vivemos, e cuidar dela continuamente. Ela fala sobre êxito e estabilidade.

A carta da Segunda Casa é um indicador excelente se aparecer logo após uma pergunta sobre finanças ou negócios. Se a pergunta for sobre o amor, esta carta fala de um amor estável, de longa duração e sensual. Se a pergunta for abstrata ou espiritual, esta carta nos ancora, pedindo-nos que sejamos realistas, que verifiquemos os detalhes e a logística e que examinemos até que ponto a situação é realista.

Ela pode ser usada como carta de abertura para perguntas sobre dinheiro, posses, bens, a casa e o corpo.

Um processo meditativo com esta carta nos conecta com a atitude correta em relação ao mundo físico, dinheiro, corpo e propriedade. Observar esta carta aumenta a oportunidade para um sentimento de estabilidade e abundância.

> **Afirmação:**
> Eu cuido de forma consistente daquilo que é realmente importante.

3ª

Carta

Terceira Casa – A Casa da Comunicação

A Terceira Casa examina a maneira de nos comunicarmos com o entorno e de como tecemos nossas relações sociais.

Se estiver pedindo orientação, esta carta é um lembrete de que o ser humano é uma criatura social, cercada de pessoas. Grande parte de nossa vida envolve a comunicação em sociedade. Esta carta nos pede que observemos como nos explicamos e nossa capacidade de estabelecermos relacionamentos.

Se a pergunta tratar de como ganhar o sustento, a carta indicará a necessidade de mais propaganda e publicidade. Se a pergunta estiver relacionada a uma questão romântica, a carta falará de relacionamentos sociais (em vez de relacionamentos românticos). Se a pergunta for sobre assuntos familiares ou o relacionamento com colegas, esta carta recomendará melhor comunicação.

A carta pode ser usada como abertura em uma leitura completa para esclarecer algo sobre amigos ou para obter orientação sobre como falar, conversar ou abordar as pessoas.

Um processo meditativo com esta carta contribui para o desenvolvimento de melhores relações sociais e ajuda a encontrar meios de comunicação mais eficazes.

> **Afirmação:**
> Eu encontro maneiras de desenvolver minhas relações sociais.

4ª Carta

A Casa da Família

Quarta Casa – A Casa da Família

Parte significativa de nossa motivação psicológica originou-se na primeira infância e na família. Esta carta examina a área da família na qual crescemos e a da família criada por nós. Ela também está vinculada ao nosso passado, especialmente ao passado emocional que carregamos até o presente.

A carta sugere voltar às memórias da infância, à casa de nossa mãe e de nosso pai. Ela nos pede que reencontremos aquela criança pequena dentro de nós – e suas necessidades e desejos. Pede para agirmos com ternura familiar e demonstrarmos um cuidado maternal ou paternal equilibrado e confiante.

Esta carta sugere que a solução para qualquer problema está em nossa abordagem emocional, que é reflexo da infância que tivemos.

Ela pode ser usada como carta de abertura para fazer perguntas sobre a família, as percepções familiares que temos, ou nossas experiências da infância. Esta carta pode ajudar a nos orientarmos sobre como agir com nossos filhos ou pais.

Um processo meditativo com esta carta ajudará a curar a criança pequena dentro de nós e a superar memórias adversas da infância. Ela também nos ajudará a dar e receber sentimentos familiares de ternura.

> **Afirmação:**
> A família é um santuário e um lugar para construir uma reciprocidade amorosa e confiante.

5ª

Carta

Quinta Casa – A Casa da Autoexpressão

A Quinta Casa trata da maneira como expressamos o nosso potencial e de como a nossa riqueza interior é liberada para o mundo.

Ela lida com todas aquelas coisas que amamos fazer e os dons e talentos com os quais fomos agraciados. Ela nos lembra de nossa capacidade de autoexpressão criativa.

A Quinta Casa nos encoraja a irradiarmos e brilharmos, e a desfrutarmos e vivermos a vida em todo o seu potencial. Esta é uma carta muito positiva para qualquer pergunta porque fala sobre expressar externamente nosso mundo interior de modo potente e também prazeroso.

Ela pode ser usada como carta de abertura a fim de descobrirmos o caminho para realizar o nosso potencial e revelar nossos talentos.

Nós podemos usá-la para meditação a fim de enriquecermos a criatividade, trazermos alegria e energia para nossa vida, e irradiarmos nosso potencial pleno.

> **Afirmação:**
> Eu expresso o meu potencial e permito que minha riqueza interior seja transmitida para o mundo.

6ª Carta

A Casa da Saúde

Sexta Casa – A Casa da Saúde

A Sexta Casa fala da vida diária satisfeita em todos os seus pequenos detalhes, sobre deveres e afazeres e a capacidade de agir de acordo com as demandas da situação, sobre a realização de tarefas e o gerenciamento contínuo na vida.

A Sexta Casa representa a esfera do que está "por trás dos bastidores" em todos os grandes eventos. Para cada torre, há uma plataforma que precisa ser construída e pisos que devem ser lavados. Para cada iniciativa maravilhosa, existem detalhes burocráticos que precisam ser resolvidos.

Se esta carta se apresentar aleatoriamente, devemos deixar a fantasia e a emoção de lado e, em lugar delas, cuidar de todos os pequenos detalhes técnicos. Todos os pequenos detalhes que compõem a situação geral, todas as contas e burocracia, incluindo a nossa saúde, devem ser atendidos.

Esta carta pode ser usada como abertura para perguntas sobre saúde, administração, organização da casa, a maneira de se manter um negócio etc.

A meditação nesta carta nos ajuda a trabalhar melhor em nossa vida diária e estarmos em maior harmonia com a natureza e as diversas tarefas e deveres da vida.

> **Afirmação:**
> Ao focar nos deveres e afazeres, eu estou em harmonia com a natureza.

7ª

Carta

A Casa do Amor

Sétima Casa – A Casa do Amor

A Sétima Casa trata dos relacionamentos íntimos. Ela nos coloca no terreno do amor e da parceria.

Nossos relacionamentos são o lugar onde nosso mundo encontra o mundo dos demais. A jornada para um relacionamento gratificante, quer no casamento ou em qualquer parceria, confronta nossa identidade e nosso ego. Nisso reside uma importante lição sobre estar atento aos sentimentos e necessidades do outro. O amor não é um luxo! Ele é uma necessidade básica da existência: estar em um envolvimento mútuo e viver feliz para sempre em um relacionamento que se desenvolve e melhora conforme o passar do tempo. Esta é uma excelente carta quando tirada aleatoriamente, depois de uma pergunta sobre o amor.

Se a pergunta não estiver relacionada ao campo da intimidade, como em perguntas relacionadas ao trabalho, esta carta sugere trabalhar com outra pessoa ou em uma equipe. Outra possível abordagem é incluir e envolver nosso companheiro ou companheira de vida neste assunto e/ou mobilizar as qualidades de nossa atitude perante relacionamentos (como ternura, perdão etc.) para ajudar a resolver o problema.

A meditação nesta carta corrige padrões indesejados em relacionamentos amorosos e em outras parcerias. Curar nossa percepção acerca do amor nos permitirá encontrar um novo companheiro ou companheira ou melhorar o nosso relacionamento atual.

> **Afirmação:**
> Minha capacidade de amar e ser amado
> se desenvolve e aumenta com o passar do tempo.

8ª Carta

A Casa da Espiritualidade

Oitava Casa – A Casa da Espiritualidade

Esta carta é especial porque está vinculada a uma dimensão superior do que a arena dos acontecimentos diários. Ela nos conecta com a esfera espiritual mais elevada que está fora da nossa percepção habitual de realidade e tempo. Possibilita a conexão com uma consciência superior, com a magia e o mistério que movem o mundo, permitindo-nos receber orientação de fontes de níveis superiores.

A Oitava Casa aponta para o desenvolvimento espiritual e uma visão mais elevada da situação. Ela anuncia que a solução não está no domínio físico, mas no domínio espiritual e na maneira de percebermos a realidade.

Esta carta pode ser usada como abertura a fim de nos conectarmos com uma perspectiva transcendental que nos permita uma visão e entendimento superiores.

É altamente recomendável usar esta carta para a meditação espiritual que nos conectará às esferas superiores, permitindo-nos conhecer a consciência mais elevada da existência.

> **Afirmação:**
> Eu me permito receber orientação de fontes superiores.

9ª Carta

A Casa dos Horizontes Expandidos

Nona Casa – A Casa dos Horizontes Expandidos

A Nona Casa representa a jornada na expansão do nosso conhecimento que nos permite florescer quando saímos para a vastidão do mundo. Ela nos proporciona experiência e crescimento, mesmo que ainda não haja resultados práticos.

Como carta de abertura, pode ser usada para orientação sobre estudos, viagens e relações com o estrangeiro, assim como para qualquer área através da qual nosso escopo e alcance possam se expandir.

Se a carta da Nona Casa for tirada em uma leitura relacionada a qualquer pergunta sobre estudos ou viagens, será um sinal muito positivo, expressando o êxito nessas áreas. Com outras perguntas, ela nos diz que ainda há um caminho a ser percorrido em nosso desenvolvimento, com muito a ser aprendido para que o foco do nosso interesse possa se manifestar (seja no amor, trabalho ou família), porém, será igualmente uma boa pista de êxito no futuro.

Meditar sobre esta carta facilitará a expansão de nossa visão e horizontes, e nos ajudará a absorver as riquezas do mundo de braços abertos. Esta é uma carta maravilhosa para se meditar durante períodos de exames, aumentando a capacidade de reter novos conhecimentos.

> **Afirmação:**
> Eu estou preparado para absorver as riquezas do mundo de braços abertos.

10ª Carta

A Casa do Trabalho

Décima Casa – A Casa do Trabalho

A Décima Casa trata da capacidade de trabalhar de forma contínua e estável ao longo dos anos, do nosso autodesenvolvimento e do desenvolvimento da nossa carreira profissional. Neste âmbito, são requisitadas qualidades como consistência, determinação e capacidade de agir dentro de uma estrutura ordenada de prazo e de regras.

Esta carta pode ser usada como abertura para a orientação sobre nosso trabalho, profissão ou carreira, do ponto de vista mais concreto e prático.

Ela nos guia em relação à dedicação e constância e a trabalhar diligentemente ao longo do tempo. Fala sobre algo confiável, lentamente desenvolvido.

É uma carta promissora quando tirada depois de uma pergunta sobre trabalho, carreira ou a possibilidade de receber uma promoção.

Meditar nesta carta encoraja a determinação e a consistência no mundo profissional e do trabalho, e promove a ação dentro de uma estrutura de prazo ou sob a pressão da produção de resultados. Ela também pode corrigir padrões de pensamento desalinhados em relação ao trabalho e imprimir uma visão mais saudável sobre a vida profissional.

Especialmente para quem procura um emprego, ou sente dificuldade em ser consistente no trabalho, recomenda-se o envolvimento num processo diário com esta carta.

> **Afirmação:**
> Eu sou consistente e determinado.

11ª
Carta

A Casa da Vocação

Décima Primeira Casa – A Casa da Vocação

Algumas pessoas podem demorar a vida toda para entender qual é a sua vocação. Trata-se do aspecto mais importante da nossa vinda a este mundo. Ao viver nossa vocação, tocamos a vida dos demais de forma mais profunda. Contribuímos para as suas jornadas de vida e ajudamos, portanto, na evolução da humanidade e do mundo.

Seja qual for a pergunta, esta carta sugere que a questão está, de alguma maneira, conectada ao nosso destino e que possui um propósito superior ao que aparenta.

A carta da Décima Primeira Casa pode ser usada para examinar qual é a nossa vocação ou avaliar novas direções, desenvolvimentos e progressos relativos à nossa vocação. Esta carta pode ser usada para entrarmos em contato com o propósito superior de qualquer questão.

Meditar nesta carta permite conectar nossa vocação e destino e nos ajuda a focar melhor em nosso propósito mais elevado de vida. Ela pode ajudar a abrir outros pontos de vista sobre nossos objetivos e oferecer uma perspectiva mais elevada sobre o que quer que estejamos lidando.

> **Afirmação:**
> Eu estou no caminho de realizar minha verdadeira vocação.

12ª Carta

A Casa da Transcendência

Décima Segunda Casa – A Casa da Transcendência

A Décima Segunda Casa trata daquilo que é invisível: inspiração, imaginação, intuição e conexão com todas as coisas espirituais. Estas são as substâncias que permanecerão para sempre e que estarão ao nosso dispor quando deixarmos o nosso corpo físico.

A capacidade de nos conectarmos com estes mundos superiores nem sempre é possível. Ela depende do desenvolvimento espiritual.

Se esta carta for tirada aleatoriamente, ela nos diz que nossa busca não será satisfeita no mundo físico. Ela fala sobre algo mais elevado e espiritual, não manifestado ou adquirido. Fala sobre intuição e inspiração.

Esta carta pode ser usada como abertura para investigarmos os mundos invisíveis que movem o mundo visível, ou para qualquer pergunta relacionada à imaginação, inspiração, às musas ou à espiritualidade.

Meditar nessa carta nos conecta com os mundos mais refinados dos espíritos, fadas, anjos e musas. Ela melhora a nossa imaginação e capacidade espiritual e nos ajuda a nos conectarmos com domínios mais refinados para além do tempo e espaço.

Afirmação:
Eu busco a conexão com os mundos refinados
das fadas, anjos e musas.

13ª Carta

Ascendente - Novas Possibilidades

O Ascendente – Novas Possibilidades

A carta Ascendente descreve o momento do encontro de algo novo. Ela fala de como nos deparamos com os acontecimentos da vida ou com novas pessoas e sobre nossas reações espontâneas. Ela nos impele a estarmos abertos a novas situações e a recebermos o futuro que se aproxima.

O horizonte é um lugar excitante onde encontramos novas possibilidades e coisas que ainda não havíamos encontrado, mas se tivermos dúvidas ou medos, poderá ser um lugar assustador para se visitar.

Esta carta pode ser usada na abertura de uma leitura completa para uma compreensão mais profunda sobre a maneira como recebemos coisas novas. Ela também pode ser usada diante de uma nova circunstância ou situação a fim de recebermos mais informações sobre elas (por meio de outras cartas na leitura).

É recomendável meditar nesta carta antes de se dirigir a lugares ou situações desconhecidas. Também podemos usá-la quando queremos mudar nossa maneira de encarar os acontecimentos em nossa vida.

> **Afirmação:**
> Eu dou as boas-vindas ao futuro que se aproxima.

14ª Carta

Meio do Céu - Maturidade

Meio do Céu – Maturidade

A carta Meio do Céu fala sobre a jornada da maturidade.

Cada pessoa tem seu momento único de amadurecimento, marcando a transição de alguém que depende dos demais para uma pessoa que se posiciona firmemente por si mesma.

Às vezes, não se trata de um momento específico, mas de um processo contínuo.

Para uma pessoa, a maturidade será manter um emprego estável. Para outra sugere desenvolver o senso de humor. Para uma terceira, significa saber como amar.

O processo de amadurecimento tem o sentido de, entre outras descrições, deixar para trás condições limitadas e limitantes e adentrar em uma ampla e variada gama de oportunidades.

Se tirada aleatoriamente, esta carta fala da necessidade de amadurecer, desenvolver-se e crescer na área que foi perguntada. É recomendável continuar a leitura e abrir uma Carta dos Planetas e uma Carta dos Signos para entender o caminho a ser tomado nessa jornada da maturidade em uma área específica.

Usada como abertura, ela ajuda a entender o processo de maturidade pelo qual passamos em nossa vida ou em uma área específica (como relacionamentos ou trabalho).

Meditar nesta carta nos ajudará, pouco a pouco, no processo de sair da dependência para encontrar a estabilidade e a confiança em nossos próprios princípios.

> **Afirmação:**
> Eu deixo para trás condições limitantes
> e adentro em uma ampla e variada gama de oportunidades.

Planetas

7

A Série dos Planetas

O ser humano tem múltiplas características. Existe uma grande variedade de modos de percebermos e agirmos. A Série dos Planetas mostra quais de nossos aspectos usamos ou podemos usar a partir de várias possibilidades disponíveis: o canal das emoções (Vênus), o canal do pensamento (Mercúrio), o canal da ação (Marte), o canal da cura (Quíron) etc. Cada um desses canais está representado no mapa astrológico como um dos corpos celestiais em nosso sistema solar.

Para uma leitura astrológica completa, a carta dos Planetas é tirada após a primeira carta das Casas ter sido colocada na mesa. Uma carta dos Signos deve ser tirada em terceiro lugar, completando a leitura.

Em uma leitura completa, a carta dos Planetas nos diz qual é o melhor canal a ser usado. A carta dos Signos, que vem depois, dará o caráter específico. Por exemplo, Vênus indica usar o canal das emoções. A carta dos Signos, digamos Áries, falará de sentimentos impetuosos; Escorpião falará de sentimentos profundos.

É possível tirar uma das cartas dos Planetas isoladamente para orientação, conselho ou direção. Neste caso, a carta assume um significado mais amplo e abrangente conforme indicado no conteúdo deste capítulo.

15ª Carta

O Sol – Consciência

O Sol – Consciência

O Sol é o único soberano do dia, o centro do nosso sistema solar ao redor do qual os planetas orbitam. O Sol representa nossa essência eternamente radiante, nossas ambições e desejos que impulsionam nossa trajetória consciente. Nós conduzimos a carruagem de nossa vida e, quando nossos desejos são claros, nossa vida inteira se alinha para chegarmos ao nosso objetivo.

O Sol nos aconselha a focar nossa atenção e sermos resolutos sobre o que desejamos para nós mesmos e para os demais. Devemos determinar objetivos definidos e estáveis e, então, "partir para a ação". Esta carta indica que a área da pergunta é central e significativa em nossa vida e que em torno dela muitas outras coisas orbitam.

A carta nos impele a usarmos nossa atenção e ambição conscientes e irradiá-las externamente com todo o poder da essência de nossa vida.

Podemos meditar nesta carta para concentrar nossos desejos e ambições em um facho de luz unificado e irradiá-lo a partir de nosso interior. O que é irradiado com clareza se manifestará em nossa vida.

> **Afirmação:**
> Eu sou o condutor da carruagem da minha vida.

16ª
Carta

A Lua – Emoções

A Lua – Emoções

A Lua representa todos aqueles poderes, externos e internos, que nos atraem e controlam sem que estejamos cientes deles. Ela representa o mundo do subconsciente, a psicologia profunda, os recônditos ocultos da alma, os instintos básicos e as emoções.

A Lua também simboliza o natural ciclo mensal feminino e está associada às crianças pequenas, à criança interna e à gravidez. É útil ter isto em mente durante a leitura da carta.

A Lua simboliza a atração profunda, originada no subconsciente, causada por razões instintivas, intuitivas ou psicológicas das quais não estamos conscientes. Esta carta indica a existência de causas ocultas, positivas ou negativas, navegando por nós.

Caso uma orientação tenha sido solicitada, esta carta nos impele a usar essa força de atração ou intuição natural, mesmo quando as coisas não são lógicas ou não parecem se adequar à identidade que desejamos adotar.

Refletir sobre esta carta ajudará a entrar em um estado mais intuitivo e primordial, também generoso e receptivo. Ela realçará nossos instintos básicos e naturais e limpará nossas emoções.

> **Afirmação:**
> Eu confio em meus instintos e intuição.

17ª

Carta

Mercúrio - Pensamento

Mercúrio – Pensamento

Mercúrio, na mitologia romana, é o ágil mensageiro dos deuses, inteligente e fluente.

A carta Mercúrio simboliza o canal do pensamento e a capacidade de se comunicar. Mercúrio pede para usarmos nossa inteligência e coletarmos mais informações.

Ele pede para pôr em prática a lógica e a sabedoria, e nos guia a usarmos nosso talento para a comunicação da melhor forma possível. Mercúrio pede para usarmos o bom senso e a razão.

Se a pergunta estiver relacionada ao amor ou ao trabalho, a carta pede mais consideração, análise e diálogo.

Pode-se meditar sobre esta carta a fim de criar clareza mental ou desenvolver a arte da conversação, da retórica e da preleção. Esta é uma carta de reflexão maravilhosa para estudantes antes de aulas ou exames importantes. Palestrantes, professores, oradores públicos podem meditar sobre ela antes de apresentar suas mensagens. Refletir sobre esta carta desenvolve o hemisfério esquerdo do cérebro.

> **Afirmação:**
> Eu foco o meu pensamento.

18ª
Carta

Vênus – Sentimentos

Vênus – Sentimentos

Vênus é a deusa romana da beleza, da harmonia e do amor, representando a essência gloriosa da feminilidade e do caráter feminino.

Vênus representa nossa capacidade de sentir. Ela nos pede para sentirmos e expressarmos esses sentimentos de maneira natural, gentil e aberta.

A carta Vênus nos mostra o caminho para o flexível e fluido mundo interior dos sentimentos e abre diante de nós a capacidade de amar e receber amor.

Esta é uma excelente carta se selecionada como resposta a perguntas sobre casamento, amor ou relacionamentos.

Meditar sobre esta carta ajuda a limpar as emoções inferiores, a se conectar com sentimentos mais elevados e nobres e a expandir nossa capacidade de amarmos e sermos amados.

Quando se quer abrir o canal do amor na própria vida, curar relacionamentos ou atrair um novo amor, pode-se optar por meditar nesta carta de maneira serena e constante.

Vênus conecta as mulheres ao manancial do caráter feminino, da beleza e da doçura e oferece a descoberta das maravilhas da essência da feminilidade.

Afirmação:
O fluxo dos meus sentimentos permite a sua limpeza.

19ª Carta

Marte – Ação

Marte – Ação

Marte é o deus romano da guerra. Ele simboliza a essência masculina: direta, prática, ativa, atraente, defensora e protetora, transbordante de força. Às vezes, quando não é bem administrada, a energia vermelha de Marte encontra na agressividade e no ataque o seu caminho de escape.

Marte indica o imperativo para agir e realizar.

O planeta vermelho Marte simboliza nossa capacidade de expressar coisas, de sair dos sentimentos (Vênus) e do pensamento (Mercúrio) para o exterior, para a ação.

Marte nos convida a sermos práticos e determinados, definindo objetivos e "tomando-os de assalto".

A carta indica que qualquer área perguntada é muito ativa e dinâmica, invocando sua expressão em termos concretos.

Esta carta traz consigo o espírito masculino, relevância e objetividade, sem outra consideração além da meta.

É recomendável olhar para a carta por algum tempo antes de empreender algo que exija muita força e determinação. Esta carta pulsará energia e ambição através de nós, inflamando-nos à ação.

Para os homens, esta carta fortalece a frequência masculina.

> **Afirmação:**
> Eu sou capaz. Eu tenho a capacidade de realizar.

20ª Carta

Júpiter - Crescimento

Júpiter – Crescimento

Júpiter é o maior planeta do sistema solar. O deus Júpiter é o comandante no panteão dos deuses romanos – o maior de todos eles. Frequências do que é elevado e sublime irradiam dessa carta. Júpiter fala da capacidade de crescer e de expandir o escopo para se alcançar novos conhecimentos e de chegar a novos lugares, física e mentalmente.

Júpiter informa sobre um grande êxito na área perguntada. Ele fala de novos começos num sentido muito positivo e nos convida a sermos otimistas e abertos.

Para sermos capazes de nos conectar ao êxito, precisamos crescer e expandir, permitindo a entrada de coisas novas e desconhecidas.

Esta carta nos chama a usar nossa capacidade de expandir para além de nossas próprias limitações.

Meditar sobre a carta Júpiter é benéfico por fortalecer o otimismo. Ela é uma boa carta de meditação para toda pessoa que queira crescer e se expandir em qualquer área.

Júpiter também tem a frequência de um amuleto da sorte, sendo um estímulo para que mais das pequenas "coincidências" da vida apareçam para nós.

> **Afirmação:**
> Eu me permito crescer e expandir. Eu deixo o êxito entrar.

21ª Carta

Saturno – Desafios

Saturno – Desafios

Saturno é o grande limitador e Senhor do Karma.

A mensagem da carta é que todos nós estamos aqui sob diferentes leis que nos limitam, com regras e restrições inescapáveis. Saturno fala sobre algo limitado, confinado e lento que reside numa estrutura inflexível. Ele fala das regras e regulamentos a serem obedecidos, demandando nossa adesão a princípios, valores e moralidade.

Esta carta fala que, para atravessarmos as dificuldades, primeiramente precisamos conhecê-las e lidar com elas para nos tornarmos mais fortes. Refere-se à imagem do adulto interno maduro e responsável. Saturno impele-nos a empregar valores e senso moral. Ele nos pede para colocarmos limites e reduzirmos as atividades. Para muitas perguntas, a resposta de Saturno será "NÃO".

Meditar nesta carta pode ajudar a administrar as dificuldades e limitações em nossa vida. Refletir sobre esta carta nos levará a um processo no qual as lições ocultas por trás da dificuldade podem ser percebidas. Ao ser revelada a lição e lidarmos com ela, a dificuldade se torna mais outra pedra usada na construção de nosso alicerce.

Esta é uma carta boa de se olhar para quem tem dificuldade em dizer "não" e de se manter fiel aos seus valores internos, talvez por se preocupar com o que a sociedade possa dizer, ou por causa do desejo de agradar. Esta carta ajuda a nos conectarmos com nossa capacidade de negar.

Afirmação:
Ao revelar a lição e lidar com ela, a dificuldade se torna mais uma pedra usada na construção do meu alicerce.

22ª Carta

Urano - Originalidade

Urano – Originalidade

Existe uma fonte superior, genial e brilhante de onde brota a possibilidade de um conhecimento claro que transcende a capacidade do raciocínio lógico.

Urano, um dos planetas distantes, invisível a olho nu, nos permite a conexão com as esferas mentais mais elevadas, originadas fora do nosso sistema solar.

O planeta Urano recebeu este nome em homenagem ao deus criador que, depois de dar à luz a vida, também destruiu a maioria de suas criações. Ele fala sobre uma oitava acima de nossa capacidade mental e da criação de "algo a partir do nada".

Urano sugere algo original, único e incomum. Encoraja a nossa originalidade e independência, a criação de algo novo e a ruptura com a rotina.

Urano pode, às vezes, simbolizar a instabilidade, como o elemento urânio, que recebeu seu nome desse deus primitivo. Nem tudo o que é criado sob a influência de Urano durará com o passar do tempo.

Meditar nesta carta ajudará a nos conectar com as capacidades mentais superiores e com a capacidade de receber centelhas de genialidade e conhecimento absoluto. Refletir sobre esta carta pode auxiliar a "sair da caixa" da rotina para sermos mais originais e para intensificar a nossa singularidade.

> **Afirmação:**
> Eu deixo a criatividade entrar.

23ª

Carta

Netuno - Intuição

Netuno – Intuição

Águas profundas representam as emoções nobres e elevadas governadas por Netuno, o deus mitológico dos oceanos. Nessas águas mágicas, onde residem sereias, podemos encontrar a conexão espiritual com as musas e a inspiração para descobrir o mais importante dos tesouros escondidos.

A carta Netuno produz uma dimensão meditativa que não é lógica. Ela nos coloca em um mundo criativo, espiritual e imaginativo.

Netuno pede para nos conectarmos ao hemisfério direito, o lado intuitivo do cérebro, a fim de abrirmos mão do controle e deixarmos que as maravilhas do espírito, da imaginação e da criatividade assumam o comando.

Esta carta encoraja-nos a nos deixarmos levar, a sermos arrastados e nos sentirmos confusos, intuitivamente sentindo que algo superior nos está guiando.

Meditar sobre esta carta ajuda a nos conectar com as esferas mais elevadas da inspiração, facilita a libertação das amarras da lógica e permite mergulharmos no fluxo prazeroso da esfera naturalmente intuitiva.

> **Afirmação:**
> Eu me coloco num mundo que é criativo, espiritual e imaginativo.

24ª Carta

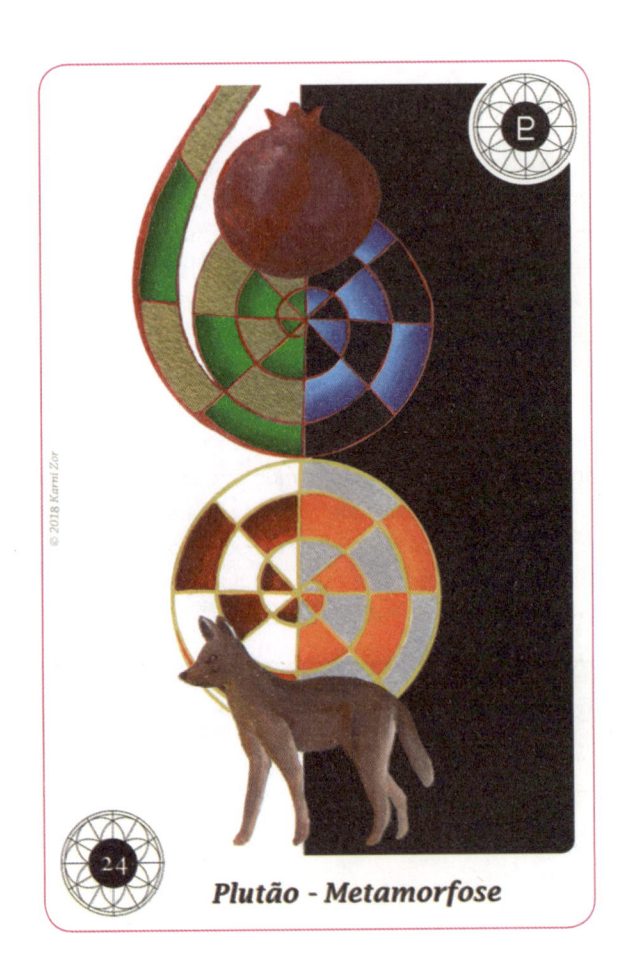

Plutão - Metamorfose

Plutão – Metamorfose

Plutão, o planeta mais longínquo em nosso sistema solar, nos permite a conexão com fontes distantes de potência pura, oriundas fora do nosso sistema solar.

Plutão, que recebeu o nome do deus do Mundo Inferior, representa um enorme poder magnético capaz de nos arrastar para o fundo do poço ou de nos elevar até alcançarmos a revelação completa. Ele fala de uma situação extrema, na qual ambas as pontas estão atadas. Se a carta Plutão vier como resposta à sua pergunta, será um importante sinal de alerta. Plutão adverte sobre uma situação complicada que pode nos levar à obsessão. Recomenda-se não entrar em situações visitadas por Plutão. Devido à poderosa atração magnética da questão, este é um conselho difícil de seguir. Nesse caso, a única maneira de lidar com Plutão será enfrentarmos a adversidade de cabeça erguida, com força e determinação, para nos transformarmos a nós mesmos e à nossa consciência de ponta a ponta a fim de que a área em questão deixe de nos controlar. Cabe a nós atravessarmos a dificuldade até o outro lado: a iluminação. É uma carta bastante poderosa e que nos pede para concentrar nossa força, ambição e motivação nessa missão. Incita-nos a uma transformação verdadeira.

Meditar nesta carta pode ajudar-nos a atravessar situações difíceis e extremas e chegar ao outro lado transformados e iluminados. Isto também pode auxiliar a entrar em contato com os nossos mais concentrados poderes interiores.

> **Afirmação:**
> Eu estou em sintonia com os meus mais
> concentrados poderes interiores.

25ª
Carta

Quíron – Cura

Quíron – Cura

Quíron foi o centauro mitológico que nasceu aleijado e foi abandonado por sua tribo para que morresse. Através do favor dos deuses, ele recebeu dons que o levaram a um novo destino e a uma nova vida como curador.

Quíron narra a história do "curador ferido" que, ao superar suas chagas, adquire a capacidade de curar os demais.

É importante lembrar que a ferida da qual Quíron foi curado é parte inseparável de seu ser como curador. Sem ela, ele não estaria onde está hoje.

Quíron descreve uma situação que engloba a cura para nós e para os demais. Quando se pede aconselhamento, Quíron fala da necessidade de curarmos a nós mesmos, os demais ou a situação. Ele também nos lembra de que temos a capacidade de fazer isso.

Se a pergunta for acerca da carreira profissional ou vocação, Quíron nos direciona para o trabalho relacionado à cura. Se a pergunta for sobre casamento, relações familiares etc., esta carta indica que há um processo de cura a ser experimentado.

Ao refletir sobre esta carta, Quíron nos conecta com essências de cura e assiste na produção de alívio para vários tipos de dores e feridas: físicas, mentais e emocionais. Recomenda-se colocar esta carta ao lado da cama de uma pessoa doente, que deve olhar para ela com frequência.

> **Afirmação:**
> Eu estou em sintonia com o meu poder de cura.

26ª
Carta

Nodo Norte – O Futuro

Nodo Norte – O Futuro

Antes de nascermos, nós escolhemos as lições que nossa alma enfrentará em sua jornada iniciática. O Nodo Norte, também chamado "Cabeça do Dragão" em algumas culturas, mostra as lições e as áreas nas quais a maior parte dos conflitos ocorrerá.

Estas são as mesmas áreas que nos reservam os mais preciosos tesouros.

A Cabeça do Dragão sugere que o assunto em questão se conecta com a lição profunda de nossa vida que nossa alma deseja desenvolver atravessando essa dificuldade. A jornada até a solução pode ser longa e complicada, mas é inevitável. A lição é necessária para a nossa construção e passar por ela promove o verdadeiro crescimento, cujos resultados perduram para além desta vida mortal. A carta também fala de mudanças na maneira de ver as coisas e aconselha abandonar padrões antigos.

Esta carta nos pede para vermos as coisas a partir de uma perspectiva mais elevada e para enxergarmos a lição mais ampla em jogo. Ela coloca o indivíduo em um plano superior e nos lembra de que nossa vida é apenas uma peça no contínuo de muitas vidas. Somos parte de um ser maior do que é conhecido nesta reencarnação.

Refletir sobre esta carta ajuda a receber essa visão superior necessária para enxergarmos nossa vida como parte de uma roda maior de reencarnações, e a adquirir as ferramentas para lidar com as lições que desafiam a alma.

Afirmação:
Eu pretendo receber a visão mais elevada de que preciso
para ver minha vida como parte de um plano maior.

27ª
Carta

Nodo Sul – Dádivas Passadas

Nodo Sul – Dádivas Passadas

Em sua longa jornada, a alma acumulou dons, talentos e habilidades que se encontram prontos para esta vida. Trata-se de talentos e habilidades com os quais nascemos ou que são adquiridos sem qualquer esforço.

A Cauda do Dragão nos diz que aquilo que pedimos já reside em nós e apenas precisamos usar, nos lembrar ou nos reconectar.

A Cauda do Dragão aponta para usarmos o que já conhecemos e temos familiaridade nesta vida ou em vidas passadas. Não há necessidade de aprendermos algo novo. É necessário apenas nos conectarmos com os dons e habilidades que já possuímos.

Em perguntas relativas a relacionamentos, esta carta fala de alguém já conhecido em vidas anteriores ou em nosso passado recente. Ao responder a perguntas relativas ao trabalho, carreira profissional ou vocação, ela fala sobre usarmos um talento já existente em nós ou algo já feito previamente nesta vida ou em vidas anteriores.

Meditar nesta carta nos permite recordar nossos talentos, habilidades e dons já acumulados na jornada mais vasta da alma, e recolocá-los em prática.

> **Afirmação:**
> Eu me reconecto aos talentos, habilidades e dons
> já acumulados na jornada mais vasta da minha alma.

Signos

8

A Série dos Signos

Os 12 signos astrológicos ou constelações representam 12 frequências com naturezas completamente distintas umas das outras. Essas frequências compõem-se de 12 desdobramentos que irradiam constantemente sobre o nosso sistema solar. Trata-se de frequências naturais irradiando sobre o nosso planeta e sempre presentes em nós, disponíveis para as escolhermos e a elas nos conectarmos. Os signos são os sinais mais elevados e puros dessas três séries, oriundos de um domínio superior e distante.

Em uma leitura completa das três cartas, a carta dos Signos é a última a ser tirada do baralho e também a última a ser lida. Ela oferecerá a natureza precisa das coisas. Se, por exemplo, a área abordada for a dos relacionamentos (Sétima Casa), e o canal a ser usado for o dos sentimentos (carta Vênus), a carta dos Signos explicará o tipo exato de sentimentos naquele relacionamento: efervescência e animação (carta Áries) ou emoção íntima e profunda (carta Escorpião).

Cada carta dos Signos pode ser usada por si só na apresentação de uma mensagem abrangente, conforme você poderá ler nas próximas páginas.

Na meditação, as cartas dos Signos podem ser usadas para instilar e fortalecer qualidades ou frequências específicas que, eventualmente, sintamos necessidade de suscitar ou reforçar.

28ª Carta

Áries - Entusiasmo

Áries, o Carneiro – Entusiasmo

Áries é a chama ou fogo primordial queimando intensamente com toda a sua força, porém descontrolado, amorfo e sem direção.

Áries fala de algo repleto de energia, espontaneidade e entusiasmo. Fala de uma grande quantidade de energia e poder disponíveis para uma questão determinada. Ele demanda ação!

Esta carta nos aconselha a agir espontânea e ativamente, com todo o vigor.

Há algo em que se deve prestar atenção: a natureza explosiva da energia de Áries nos permite trabalhar empreendendo esforços em períodos relativamente curtos de tempo. Isso não significa que essa energia estará ali no longo prazo.

Podemos meditar nesta carta para nos enchermos de energia e poder vital. Ela é um bom "antidepressivo". Refletir sobre esta carta ajuda a adentrarmos ativamente em novas áreas.

> **Afirmação:**
> Eu estou repleto de energia, espontaneidade e entusiasmo.

29ª
Carta

Touro - Estabilidade

Touro, o Touro – Estabilidade

Assim como a Mãe Terra, um lar acolhedor, ou nosso próprio corpo físico, o Touro simboliza a qualidade fundamental de algo sempre presente e inalterado. Esse tipo de estabilidade propaga uma atmosfera de calma e segurança sobre nós.

Touro fala de algo estável, constante e confiável: algo fidedigno, tangível e inalterado. Também pode representar algo muito físico, ancorado e pé no chão.

Para perguntas relacionadas ao futuro, a carta Touro, para o bem e para o mal, diz que a situação permanecerá tal como está.

Podemos meditar nesta carta para fortalecer um sentimento de estabilidade e segurança, juntamente com nossa capacidade de permanecermos inabaláveis. Ela também nos ajuda a ficarmos mais ancorados e em contato com nosso corpo e a esfera física.

> **Afirmação:**
> Disponho de uma base sólida para me apoiar.

30ª
Carta

Gêmeos - Curiosidade

Gêmeos, o Casal – Curiosidade

Gêmeos simboliza a conexão estreita existente entre dois opostos, a tensão que há entre eles e a capacidade de conter essas duas polaridades internamente.

A constelação de Gêmeos simboliza o movimento e a fertilização de ideias. Ela exemplifica a capacidade de comportar ideias opostas, de absorver frequências externas de pensamentos passageiros, de interagir com nossos próprios pensamentos e impressões mentais e, até mesmo, de transformá-los.

Gêmeos representa a busca e a sede incessantes de conhecimento.

Esta carta nos pede para estarmos abertos ao novo, às ideias e aos padrões de pensamento diferentes, a pesquisar, descobrir e a permitir que as coisas mudem nossas percepções, ideais e filosofias.

Ela confere à leitura um caráter de pesquisa e evolução, e indica uma natureza curiosa, com atração por uma ampla variedade de coisas.

Num processo meditativo, esta carta encoraja o fluxo de pensamentos e ideias do mundo exterior para o interior, ajudando-nos a passar pelas mudanças. Quando nos encontramos presos a uma impressão mental (opinião ou algo assim), esta carta pode nos ajudar a nos abrirmos para possibilidades diferentes das que estamos acostumados.

> **Afirmação:**
> Eu estou aberto a ideias e padrões de pensamento novos e diferentes.

31ª Carta

Câncer - Cuidado

Câncer, o Caranguejo – Cuidado

Câncer é um dos três signos do elemento Água. A água simboliza o mundo das emoções, assim como toda a água que está em movimento ativo o tempo todo. Nossos sentimentos e emoções encontram seu caminho de dentro para fora de nós, como uma nascente na montanha a jorrar do ventre da Terra.

Este fluxo permanente de emoções é o que permite a limpeza e saúde emocionais.

Esta carta nos fala de uma situação ativa e ativadora que influencia nossas emoções, envolvendo-as e girando em torno delas. Dependendo da pergunta, a carta nos fala sobre sentimentos fortes dirigidos a nós, ou de nossos próprios sentimentos fortes dirigidos a outra pessoa ou a uma situação em particular.

Caso tenhamos pedido orientação, esta é a carta que nos impele a expressarmos nossas emoções e sentimentos. Ela nos pede para usarmos nossos corações a fim de chegarmos ao equilíbrio emocional e para nos lembrarmos de liberar nossas emoções em vez de suprimi-las.

Observe que esta carta fala da esfera das emoções e que esta esfera é subjetiva.

Contemplar esta carta pode ajudar a acionar o mundo das nossas emoções e torná-lo ativo, ajudando-nos a expressar nossas emoções positivas e a liberar emoções inferiores.

> **Afirmação:**
> Como uma nascente na montanha jorrando do ventre da Terra,
> o fluxo das minhas emoções permite a limpeza e a saúde.

32ª Carta

Leão - Liderança

Leão, o Leão – Liderança

O signo de Leão simboliza a frequência do fogo estável. O Leão é um dos quatro animais sagrados e a encarnação do elemento do Fogo puro neste planeta. O fogo representa nossa energia e o Leão representa a energia em sua forma madura e estável.

Esta carta nos fala sobre ser capaz de manter um estado constante de energia, força, vivacidade, atenção e poder. A enorme força que surge desse fogo maduro convida as pessoas a se unirem à luz e ao carisma que ele exala.

Fala-nos de uma situação significativa ou de uma pessoa carismática. Ela empresta uma frequência nobre, experiente, energética e legítima à leitura como um todo.

Fala de algo resoluto e imutável. Porém, com essa estabilidade há uma grande explosão de poder, energia e entusiasmo.

O signo de Leão traz a frequência da paixão contínua e da eterna energia vital.

Quando pedimos aconselhamento ou orientação, esta carta nos impele a sermos fortes, maduros e assertivos – um líder.

Esta é uma excelente carta de meditação para equilibrar nossos níveis de energia. Líderes podem usar esta carta para construir e fortalecer seu carisma e poder de atração.

> **Afirmação:**
> Eu sou capaz de manter um estado constante
> de energia, força, atenção e poder.

33ª Carta

Virgem - Precisão

Virgem, a Donzela – Precisão

O signo de Virgem fala da capacidade do ser humano de se conectar ao planeta Terra, à natureza, e de permitir sua integração interna a fim de gerar a mudança.

A frequência de Virgem nos ensina a nos rendermos à natureza à nossa volta, tornando-nos, assim, parte natural do ciclo da vida.

Esta carta sugere (e recomenda) mudanças à vista: mudanças que são muito físicas e práticas. Os "dados" à nossa volta mudam o tempo todo e nos modificam também. O que nos parece estático está, na realidade, em movimento contínuo.

Contemplar a carta Virgem nos ajudará a nos conectarmos com o contínuo movimento da vida, à Terra sobre a qual vivemos e à natureza da qual somos parte inseparável. Esta carta traz muito ancoramento e sensatez.

Ela também pode nos ajudar a aceitar uma percepção mais saudável e precisa de nossa saúde, da gestão do corpo e da nossa dieta.

> **Afirmação:**
> Eu estou aberto para ver e fazer o que é necessário
> a fim de administrar minha vida
> de forma saudável e atenciosa.

34ª

Carta

Libra - Equilibrio

Libra, a Balança – Equilíbrio

A Balança fala sobre a atividade cognitiva e representa a capacidade de avaliar, deliberar, examinar e julgar. Libra fala da atividade mental e da autogeração de pensamentos que criam novas ideias, novas filosofias e novos mundos.

Tudo é pesado na balança: nós mesmos, os demais e as ações em um processo constante de raciocínio e avaliação. E, se este processo de análise não for realizado por nós mesmos, algo superior julgará em nosso lugar.

Libra tem um caráter frio, lógico e direto ao ponto, com clareza de raciocínio e discernimento que possibilitam a exatidão.

Quando se pede aconselhamento, a carta Libra indica que a questão deve ser mais aprofundada. Ela nos remete à nossa capacidade mental e pede que sejamos lógicos e analisemos a questão sob todos os pontos de vista.

Esta carta nos pede para acionarmos nossa capacidade de pensar de forma independente e para expressarmos nossos pensamentos e ideias que podem, simplesmente, ter o poder de mudar as coisas e, de fato, criar uma nova realidade.

Contemplar esta carta ajuda a desenvolver nossas habilidades mentais e auxilia na ativação da capacidade de ponderar e examinar as coisas de forma lógica.

> **Afirmação:**
> Eu ativo minha capacidade de ponderar e examinar as coisas de forma lógica.

35ª Carta

Escorpião - Profundidade

Escorpião, o Escorpião – Profundidade

A frequência do Escorpião é internalizada, tranquila, espiritual e profunda. Ela descreve as mais profundas águas repletas de segredos.

Todos os vastos oceanos estão interconectados e, assim, uma pequena agitação em um começa a criar uma onda que, lenta mas certamente, influenciará todos os demais.

Esta carta fala de nossa profundidade espiritual e instintos naturais, e daquele lugar elevado e único, o reservatório das emoções humanas, ao qual estamos todos conectados entre cada um de nós e daí para os mundos sublimes.

Com qualquer pergunta, esta carta nos fala das coisas que estão ocorrendo nos níveis mais profundos, misteriosos e espirituais, na maioria das vezes invisíveis. Fala dos grandes poderes que nos influenciam a partir das profundezas e nos pede para trazermos esses anseios e instintos profundos ao nível mais elevado que pudermos.

Refletir sobre a carta Escorpião ajuda a nos conectarmos com os níveis mais profundos de nossa alma e à nossa essência espiritual mais elevada, a nos conectarmos com instintos básicos e a intuição, que sabem melhor do que a mente, para, então, usarmos nossas habilidades humanas para irmos ainda mais além.

> **Afirmação:**
> Eu me conecto com os níveis profundos da minha alma
> e com os níveis elevados da conexão espiritual.

36ª Carta

Sagitário - Abertura

Sagitário, o Arqueiro – Abertura

Sagitário simboliza nossa busca contínua por energia, fontes de nutrição espiritual e de exaltação. Sagitário também representa a oportunidade de expandir, crescer e de se desenvolver através dessa nova energia espiritual que nos penetra.

A carta pede para aceitarmos os aspectos espirituais, assim como os físicos, com abertura e tolerância. Ela promove o crescimento ao aprendermos coisas novas, ao alcançarmos esferas espirituais mais elevadas e ao sairmos para o mundo para expandir nossos horizontes.

Sagitário acelera a busca por fontes adicionais de energia e por conexões espirituais mais elevadas. Este não é o tempo de parar, de deter-se. É tempo de embarcar numa jornada de descoberta.

Recomenda-se meditar na carta de Sagitário para aumentar a abertura e o apetite naturais da curiosidade que motivam a descoberta de coisas novas.

> **Afirmação:**
> Eu sou aberto e tolerante.

37ª Carta

Capricórnio - Compromisso

Capricórnio, a Cabra – Compromisso

Esta carta fala de nosso espírito, que vindo de esferas espirituais distantes e elevadas do tipo mais intangível (a cauda de Capricórnio), chega ao mundo físico em busca da manifestação e aqui vem construir e criar durante sua breve passagem pelo planeta (cabeça de Capricórnio).

Capricórnio nos pede para transformarmos nossos desejos em realidade concreta.

Capricórnio nos lembra de que através da motivação mais elevada temos a oportunidade de mudar o mundo em seu aspecto mais físico: construir coisas novas, modificar coisas existentes, criar novas bases e modelos e promover a mudança real no mundo.

Capricórnio carrega uma frequência muito prática e iniciadora e nos pede que nos conectemos ao mundo material, ao fazer, e à realidade.

Esta é uma excelente carta para meditação a fim de direcionar nossas conexões diretas ou espirituais para algo tangível. Ela também nos ajuda a desenvolver força de vontade, tolerância e constância a fim de realizarmos nossas missões práticas, físicas e terrenas.

> **Afirmação:**
> Eu sou constante, devotado, dedicado e determinado.

38ª Carta

Aquário - Visão Elevada

Aquário, o Aguadeiro – Visão Elevada

O Aguadeiro, em serviço, leva água – mais preciosa que o ouro – à tribo sedenta e cansada. A água é análoga ao conhecimento superior que vem do universo para nos ensinar e fazer a raça humana progredir.

A frequência única de Aquário representa nossa capacidade de sustentar ideais e filosofias mais elevadas, tudo isso em um estado muito sereno de clareza mental.

Em qualquer leitura, Aquário eleva o tema em questão a um nível muito mais alto. Há um ideal ou filosofia superiores envolvidos.

Como orientação, esta carta nos pede para serenarmos os nossos pensamentos e nos mantermos fiéis aos nossos ideais e verdades mais elevadas. Ela nos lembra de não esvoaçarmos como uma folha ao vento daqui para ali ao som de cada voz ou opinião, mas, em vez disso, encontrarmos nosso próprio centro de gravidade mental.

Refletir sobre a carta Aquário nos ajuda a remover pensamentos ruidosos de nosso cérebro, que perturbam nossa vida diária. A partir desse estado de serenidade, podemos nos conectar a ideais e filosofias mais elevadas que representam uma verdade oriunda de um lugar superior aos nossos próprios pensamentos pessoais e oscilantes.

> **Afirmação:**
> Eu me conecto ao novo conhecimento que quer vir ao mundo através de mim.

39ª Carta

Peixes - Imaginação

Peixes, Dois Peixes Nadando em Direções Opostas – Imaginação

A frequência de Peixes é delicada e sensível. Esta é a frequência de uma realidade mais elevada e mais espiritual, que está presente o tempo todo ao nosso redor e dentro de nós e que nos conecta a mundos ocultos.

É difícil se conectar a essa frequência na agitação da vida cotidiana. Ela é sentida naqueles momentos especiais de conexão espiritual.

Na frequência de Peixes, as coisas se movem mais lenta e profundamente, com um foco diferente daquele da vida cotidiana. É quando o que estava oculto pode começar a ser revelado.

Peixes também nos lembra de agir de maneira sensível e empática.

Perguntas relacionadas a assuntos práticos (dinheiro, carreira profissional etc.) não obtêm uma resposta no nível físico ou prático. Ela nos direciona para encontrarmos as razões espirituais e a fonte energética das coisas.

Refletir sobre esta carta nos ajuda a desacelerar o ritmo, a entrar em uma dimensão diferente, a sermos mais sensíveis e a nos conectarmos com uma realidade mais elevada, com esferas mais refinadas.

> **Afirmação:**
> Eu desacelero meu ritmo e entro em uma dimensão diferente.

40ª Carta

A Roda - Harmonia

A Roda – Harmonia

A Roda é o zodíaco e representa todas as frequências dos signos reunidas em perfeita harmonia, irradiando na unidade a partir de galáxias distantes para o nosso sistema solar.

A carta da Roda é única. Quando tirada isoladamente ou em uma leitura completa, esta é interrompida e a pergunta é deixada de lado e sem resposta até outro momento. Recomenda-se não fazer essa pergunta novamente no mesmo dia.

A carta fala do silêncio que reside em perfeita harmonia e anuncia que, para o nosso bem maior, esse tema permanecerá sem resposta no momento.

Se você estiver usando as cartas profissionalmente com um cliente, poderá usar essa opção: antes da leitura, a carta poderá ser removida do baralho e colocada virada para cima durante a leitura. Ela traz a consciência do que deve ser exaltado e de que nem tudo nos é conhecido. Se você usar as cartas para si mesmo, mantenha-a no baralho. Haverá a descoberta de que não receber uma resposta é também uma resposta muito especial que chega em épocas especiais.

Ao meditar sobre a Roda, a capacidade de entrar no desconhecido é ampliada ao mesmo tempo que nos ajuda a estarmos abertos ao que o universo tem a oferecer. Esta carta pode ajudar a ampliar nossa perspectiva em 360 graus, e pode ser usada para cura, pois apresenta o equilíbrio perfeito de todas as 12 frequências dos signos trabalhando em harmonia.

> **Afirmação:**
> Eu recebo o silêncio que reside em perfeita harmonia.

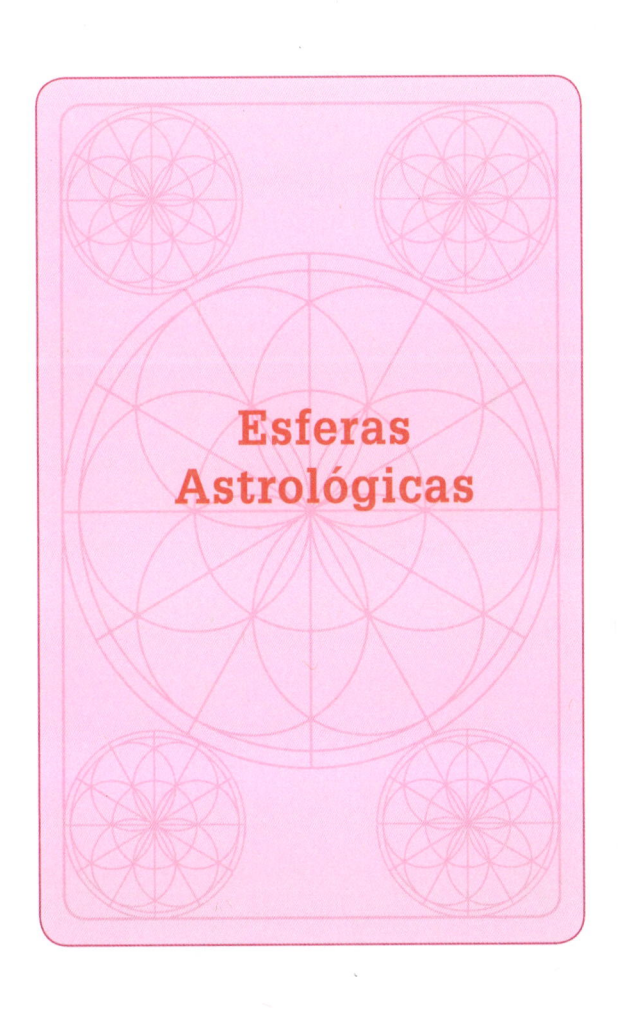

Esferas Astrológicas

9

A Série das Esferas Astrológicas

As Esferas Astrológicas compõem-se de 12 áreas celestiais que abrigam e dão vida às 12 constelações do zodíaco. Existem 12 direções divinas irradiando 12 presenças sempre manifestas, constantes e trabalhando reciprocamente; 12 caminhos ou direções.

As 12 esferas representam 12 princípios cósmicos que têm forma em todos os oitavos da criação.

As 12 cartas das 12 esferas astrológicas guardam 12 lições ou segredos. É possível habitar e trabalhar em cada uma delas durante a vida toda.

Como cartas, a série das Esferas Astrológicas é a mais elevada das quatro séries astrológicas manifestadas nas 52 cartas do baralho, pois representa a fonte, a origem e o princípio das outras três séries, que são as Casas, os Planetas e os Signos.

No nível prático da leitura das cartas, esta série consiste de 12 instruções para desenvolvimento, bom aconselhamento e chamada à ação: coisas para fazermos a fim de obtermos o melhor de qualquer situação.

41ª Carta

A Chave

A Chave

A Chave nos ensina a sempre buscarmos a origem das coisas. Ela está conectada à mais elevada e mais despercebida de todas as leis naturais, a lei do um: uma lei que não podemos compreender, mas que estamos sempre buscando.

Parte importante do nosso caminho de desenvolvimento é aprender as leis que regem a natureza, o sistema que faz tudo funcionar. Nós deveríamos enxergar tudo à nossa volta como pistas para algo mais elevado que dá origem às coisas. A pesquisa nunca acaba já que, à medida que nos desenvolvemos, nos tornamos mais conscientes do próximo nível e da próxima chave necessária a ser buscada.

Numa leitura, esta carta nos levará a encontrar a origem da questão. Ela nos dirá que há um segredo, uma lei, um sistema ou um código a ser elucidado. Ela nos dirá que temos as ferramentas para revelar o segredo ao aprendermos as leis naturais.

Caso esta carta, pela pergunta, indique o que não deve ser feito, por exemplo, se perguntarmos "O que se opõe?", ela apontará para não pesquisar o assunto e manter as coisas indecifradas.

Olhar para esta carta em atitude de meditação nos ajudará a prosseguir em nossa busca espiritual e a continuar enxergando as pistas para o sublime em tudo o que está à nossa volta.

Missão de longo prazo: aprender as leis naturais.

> **Afirmação:**
> Sempre há que se buscar o mais elevado.

42ª Carta

Troca

Troca

Parte do que nós necessitamos e buscamos reside em outro lugar, fora de nós. Se já tivéssemos encontrado, não estaríamos buscando.

A troca de conhecimentos, sentimentos, impressões e ideias – com outras pessoas ou com a natureza – é uma das fontes mais relevantes do nosso desenvolvimento. Também há uma troca constante entre os mundos visíveis e invisíveis, o tangível e o espiritual, pois cada um procura a companhia, a riqueza e as capacidades do outro. O desejo e a troca que acontecem, que levam à inspiração e realização contínuas, permitem o movimento e o desenvolvimento da própria vida.

Numa leitura, esta carta nos pedirá para estarmos em contato com outras pessoas, com a natureza e os mundos invisíveis; ela sugere dar e receber; estarmos abertos ao que é diferente de nós e a não estarmos fixados.

Se esta carta for a resposta a uma pergunta como "O que eu não devo fazer?", ela nos instruirá a permanecermos tranquilos.

Meditar sobre esta carta nos ajudará a nos abrirmos a tudo que deseje se juntar a nós vindo das esferas mais elevadas.

Missão de longo prazo: reservar um tempo de silêncio para que as coisas mais elevadas entrem e enriqueçam nossa vida.

Afirmação:
O que eu busco está fora de mim.

43ª Carta

Doação

Doação

Nossa verdadeira realização é a capacidade de doar aquilo pelo qual trabalhamos. Se é algo que aprendemos, somos capazes de ensinar? Se é a nossa experiência de vida, podemos dá-la a alguém?

Numa leitura, esta carta nos pedirá para sermos generosos e dar às pessoas o melhor que temos. Ela é uma excelente carta para professores, como pessoas que compartilham seus tesouros com os alunos.

Caso esta carta, pela pergunta, indique o que não deve ser feito, ela sugere que é preciso "cozinhar em banho-maria" um pouco mais antes de compartilhá-lo.

Meditar sobre esta carta nos ajudará a reconhecer que os tesouros que habitam dentro de nós regeneram a fonte interior da generosidade. Ela pode ser usada quando nos sentimos drenados, cansados, embotados ou quando nos falta confiança.

Missão de longo prazo: liberar o que já não nos é útil.

> **Afirmação:**
> Há sempre mais tesouros em mim a serem oferecidos.

44ª Carta

Nobreza

Nobreza

À medida que a vida chega apressadamente, nós precisamos encontrar nosso centro interno. O Cisne nos ensina a nobre tranquilidade de nos mantermos em nosso caminho, alinhados e claros.

Numa leitura, a carta nos dirá para ignorar ruídos externos e nos mantermos em nossa linha estável. Ela nos instruirá a não fazer qualquer mudança e a prosseguirmos conforme o planejado. Ela pede que não nos abalemos por pessoas ou acontecimentos à nossa volta, e que mantenhamos um centro firme.

Se esta carta for a resposta a uma pergunta como "O que não fazer?", ela nos instruirá a ser mais flexíveis, a verificar nossa conduta e a ouvir as pessoas à nossa volta sem vaidade.

Meditar sobre a Nobreza nos ajudará a encontrar paz e calma e a nos reconectarmos ao nosso firme centro interior.

Missão de longo prazo: ponderar quais são os princípios que orientam a minha vida.

> **Afirmação:**
> À medida que a vida passa apressada, eu encontro minha tranquilidade interior.

45ª Carta

Abundância

Abundância

Somos gratos à abundância que a vida oferece? Somos capazes de reconhecer os tesouros à nossa volta? Nós apreciamos a multiplicidade de possibilidades?

À medida que desfrutamos da Abundância e reconhecemos a graça divina, nós permitimos que ela continue afluindo.

Esta carta implicará desfrutar da abundância da vida e materializar nossa própria criatividade e riqueza.

Se ela aparecer como uma sugestão do que não fazer, indicará que se evite o hedonismo e se pense para além do mundo tangível e do benefício próprio.

Meditar nesta carta nos permitirá desfrutar melhor a vida e apreciar a abundância à nossa volta. Ela também permitirá nos conectarmos melhor e participarmos da experiência física e sensual.

Missão de longo prazo: apreciar a vida.

Afirmação:
Eu agradeço a Abundância,
que reflete a graça divina
e a manifestação física do que é superior.

46ª Carta

Criação

Criação

A espécie humana tem a capacidade exclusiva de gerar o novo e mudar a realidade. Ela começa com o poder da mente e termina com a manifestação física da nova criação. Com ela, vem uma grande liberdade, mas também uma grande responsabilidade.

Esta carta dirá que iniciemos algo novo, que sejamos criativos, pró-ativos e responsáveis; que percebamos nossa capacidade de criar tudo quanto necessitamos ou queremos.

Se esta carta vier em resposta à pergunta "O que não fazer?", ela sugere verificar nossos padrões de pensamento a fim de termos certeza de que pensamentos equivocados não criarão uma realidade que é, na verdade, ruim para nós ou para os demais. Também indica que não é o momento de criar algo novo nem de passar à fase da manifestação.

Meditar sobre esta carta nos ajudará a trabalhar nossos padrões de pensamento e a torná-los mais potentes para que possam criar a realidade que escolhermos.

Missão de longo prazo: estar ciente de nossos padrões de pensamento e da realidade que eles criam.

> **Afirmação:**
> Eu crio, dou vida e preservo
> aquilo que escolhi transformar em minha realidade.

47ª Carta

A Porta

A Porta

Encontrar a porta e abri-la não é o fim da nossa busca. Agora, precisamos atravessá-la até o próximo nível.

Ter esta carta numa leitura é algo muito brilhante e exitoso, mas ela também nos lembra que aquilo que enxergamos como sucesso é apenas o começo de um novo caminho e nos invocará a continuar nossa busca.

Se a carta vier como uma recomendação do que não fazer, ela sugerirá permanecer no nível atual e não dar o próximo passo por enquanto.

Meditar sobre esta carta nos ajudará a abrir qualquer porta para nós, a superar nossas próprias limitações e a passarmos para o próximo nível.

Missão de longo prazo: sempre procure o próximo nível.

> **Afirmação:**
> Eu estou pronto para o próximo nível.

48ª Carta

Flexibilidade

Flexibilidade

O Golfinho mudou a si mesmo a fim de se adequar à ecologia de sua escolha.

Numa leitura, esta carta nos lembra da necessidade de mudar, às vezes radicalmente, a fim de nos adequarmos à missão que escolhemos.

Ela nos diz para liberarmos o que já não é mais necessário e adquirirmos novas habilidades e para nos desenvolvermos e evoluirmos constantemente.

A carta fala da flexibilidade e da capacidade de colocarmos nosso ego de lado para fluirmos com o que é necessário.

Se a carta vier como uma negação, ela sugerirá permanecer sereno e não mudar. A mudança não é necessária.

Meditar sobre a Flexibilidade nos ajudará a atravessar o processo de mudança. Ela nos ajudará a sermos mais flexíveis conforme abandonamos o passado e abraçamos o futuro.

Missão de longo prazo: permitir que o caminho escolhido efetue em nós as mudanças necessárias a fim de que sejamos adequados a ele.

> **Afirmação:**
> Eu permito que o propósito superior conduza o meu caminho.

49ª Carta

O Diamante

O Diamante

O Diamante representa tudo o que é bom em nós e que se condensou através da repetição, do compromisso e de muito tempo. Esses são valores que estimamos e aos quais aderimos sem nos importarmos com o custo.

Trata-se do caráter que queremos construir e das coisas pelas quais trabalhamos ao longo da vida, que permanecerão brilhantes como diamantes muito depois de o nosso corpo físico ter desaparecido.

Esta carta nos lembra de polir, repetir e continuar a trabalhar nessas qualidades que decidimos querer ter como parte indelével do que nós somos. Ela envolverá um compromisso de longo prazo e sugerirá que o trabalho a ser feito pode não ser fácil, mas é importante. Como uma carta de negação, ela dirá para não sermos inflexíveis, para não nos apegarmos demasiadamente às crenças atuais, para sermos capazes de mudar de posicionamento e sermos mais flexíveis.

Meditar sobre o Diamante nos ajudará a construir nosso caráter, principalmente durante os momentos difíceis. Ele nos ajudará a prosseguir em qualquer missão importante e valorosa de longo prazo. Empoderará e intensificará qualquer outra carta na qual meditemos.

Missão de longo prazo: trabalhar repetidamente no que tem valor para que se torne parte indelével da sua vida.

> **Afirmação:**
> Eu concretizo o potencial que reside em mim
> e a qualidade das minhas escolhas pela repetição e dedicação.

50ª
Carta

A Cachoeira

A Cachoeira

Parte de nossa busca na vida é aprender como traduzir o que vem do alto, de maneira que seja acessível para nós e para os demais.

Para tanto, é necessário nos tornarmos o mais limpos possível, de modo que o que vem do superior, encontrando manifestação através de nós, permaneça o mais próximo possível do sinal original.

Numa leitura, esta carta nos lembra dos processos de conexão com as esferas mais elevadas a fim de traduzir os sinais na prática. Ela pede que foquemos na missão sem colocá-la sob nossas próprias condições ou interpretações e nos lembra de que podemos nos conectar com o superior para encontrarmos conhecimento.

Se a carta representar algo a ser evitado, ela sugerirá que não é o momento de repassar nossas mensagens e conhecimentos. As pessoas podem não estar abertas a eles, pode não ser o momento adequado, ou nossa interpretação das coisas pode não ser precisa o bastante para que seja apresentada.

Meditar sobre a Cachoeira nos ajudará a nos tornarmos mais objetivos e neutros para que possamos trazer aquilo que deseja ser transmitido da maneira mais clara possível. Ela nos lembra de que somos um canal de transmissão das esferas mais elevadas para o mundo físico.

Missão de longo prazo: estar a serviço do superior.

> **Afirmação:**
> Eu deixo o que sou para trás
> à medida que me abro para o futuro.

51ª Carta

O Lago

O Lago

O Lago está dentro e fora de nós. O lago interior é o lugar onde todos os pequenos passos e *insights* em nosso desenvolvimento podem ser integrados em um grande todo. O lago exterior é o cenário mais amplo, onde tudo está interconectado.

Esta carta nos ensina a permanecer na cúpula do nosso desenvolvimento para ver como as diferentes peças se conectam em uma imagem mais ampla e a enxergar o cenário mais vasto.

Se a carta revelar o que não deve ser feito, ela nos pedirá para enxergarmos os pequenos detalhes sem nos perdermos na situação geral. Ela pedirá que não sejamos condescendentes e permissivos.

Meditar sobre o Lago nos conectará ao ponto de vista superior que enxerga a situação mais ampla. Esta carta nos ajudará a nos aceitarmos como parte de algo mais vasto e a integrarmos os pequenos processos diários de desenvolvimento em uma nova plataforma durável e confiável.

Missão de longo prazo: integrar o que você aprendeu em uma visão e perspectiva mais amplas que o acompanhem constantemente. Perceber que você é parte de algo imenso.

> **Afirmação:**
> Eu participo do todo maior.

52ª Carta

Chama

A Chama

Há uma centelha divina em cada um de nós. Trata-se da esperança e oportunidade sempre vivas de um recomeço. Se ela se apaga, nós morremos. Às vezes, nós precisamos encontrar o caminho para reacender a chama dentro de nós, em um projeto, um relacionamento etc., para mantê-la brilhante e viva.

Numa leitura, esta carta nos pedirá para encontrar, reconectar ou reacender a centelha interior.

Se a carta nos aconselhar o que não fazer, ela invocará mais ancoramento e senso prático e sugerirá que o entusiasmo e o pensamento ilusório não bastam nesse caso.

Meditar sobre a Chama nos ajudará a reacender nossa centelha interior e a reconectar com o entusiástico centro interno. Esta é uma ótima carta antidepressiva e ajuda a reanimar o vigor e a esperança.

Missão de longo prazo: manter a chama interna acesa.

> **Afirmação:**
> Ao despertar a centelha divina
> que vive internamente eu dou à VIDA uma nova chance.

10

Processos de Meditação e Cura

As Cartas Astrológicas foram elaboradas para facilitar o processo de cura na pessoa que se engaja com elas. Os símbolos astrológicos são muito potentes e estão conectados às altas frequências do planeta, do sistema solar e das galáxias. Ao contemplar a carta durante o dia ou concentrar-se nela durante algum tempo, é possível desencadear um processo de cura no indivíduo, e este deve procurar serenar os pensamentos e "estar com" o processo que a carta aciona.

Durante qualquer leitura, sugere-se fazer uma pausa por pelo menos alguns minutos e refletir sobre as cartas de modo a se ter um processo de cura com elas. Um período de reflexão permite que os símbolos e as cores em cada carta repercutam dentro de você, conduzindo ao equilíbrio interior. Desligue-se da correria cotidiana. Encontre um local confortável para se sentar ou deitar. Respire profundamente algumas vezes e reflita sobre a carta pelo tempo que sentir necessário. O processo ocorre na própria meditação, sem necessidade de se fazer nada especial.

Além disso, em qualquer momento, sem nenhuma conexão com fazer uma leitura, uma carta específica poderá ser selecionada: uma carta que contenha uma qualidade ou característica que você queira fortalecer ou curar em sua vida (casamento, abundância, energia etc.). Isso pode ser feito conforme seja necessário, ou todas as manhãs com uma carta específica, ou com uma carta diferente a cada vez.

No próximo capítulo você encontrará um guia completo para escolher sua Carta Astrológica para meditação.

11

Guia Completo para Escolher Uma Carta de Meditação

Questão para meditação:	Número da(s) carta(s):
Abertura	9, 40, 42, 47, 48, 50, 51
Abundância	2, 45
Ação (entrar em, ser ativo)	19, 28
Aceitação	9, 13, 48
Alegria	1, 11, 13, 28, 31, 52
Amigos	3, 30
Amor	7, 18, 30, 31
Ancoramento	2, 6, 10, 29, 33, 37
Aprendizado	9, 17, 20, 30, 36
Autoconfiança	1, 19, 28
Autoexpressão	5
Capacidades mentais	34, 38
Caráter (construção)	10, 29, 49
Carisma	15, 35, 49

Questão para meditação:	Número da(s) carta(s):
Carreira profissional	10, 11, 19, 29, 37
Casa, lar	2
Casamento	7, 18
Clareza	30, 34, 38
Coisas novas	13, 20, 22, 26, 28, 30, 40
Começos	1, 13, 28, 26
Comunicação	3, 17, 30, 42
Confiança	1, 2, 27
Consciência	15
Consistência	10, 29, 37, 49
Constância	37, 49
Corpo (conexão com, cura)	2
Criatividade	1, 5, 12, 22, 23, 38, 46, 52
Criação dos filhos	4, 16, 31
Cura	25
Decisões	14, 34
Desenvolvimento	21, 26, 37, 38, 41, 47, 50
Determinação	10, 29, 49
Deveres e afazeres	33, 38, 43

Questão para meditação:	Número da(s) carta(s):
Dieta	2, 33
Dificuldades (lidar com)	21, 26
Dinheiro	2, 10, 45
Discurso	3, 17
Emoções	4, 7, 16, 18, 31, 35, 39
Emoções (cura, lidar com, limpeza)	7
Emprego	10
Energia	1, 19, 28, 52
Ensinar	3, 17, 34, 38
Entusiasmo	19, 28, 52
Equilíbrio	40
Espiritualidade	8, 12, 23, 35, 38, 39, 41, 47, 50, 51
Estabilidade	2, 29, 44, 49
Estamina	10, 19, 29, 49
Estudantes, estudos (lidar com, êxito)	3, 9, 11, 17, 20, 30
Exames (aprovar, lidar com estresse)	9, 17, 36
Exatidão	33, 34
Êxito	15, 19, 20
Expansão	20, 36
Família	4, 16, 31

Questão para meditação:	Número da(s) carta(s):
Fazer	19, 52
Fechamento (de coisas do passado)	16, 27
Felicidade	5, 11, 28, 31
Feminilidade	18
Filhos	4, 16, 31
Foco	17
Força	19, 32
Força de vontade	15, 28, 32, 37, 49
Generosidade	42, 45
Gerenciamento/gestão	6, 33
Gravidez	4, 16, 31
Habilidades sociais	3, 17, 30, 42
Harmonia	6, 18, 33, 40, 51
Ideias	3, 17, 22, 30, 34, 46
Individualidade	22, 38
Iniciar algo	1, 9, 13, 20, 36
Inovação	22, 46, 52
Inspiração	12, 23, 38, 39, 52
Instinto	16
Intuição	8, 12, 16, 23

Questão para meditação:	Número da(s) carta(s):
Jornada	9, 20
Karma (resolver questões kármicas)	21, 26
Lealdade	37, 49
Lembrança	16, 31
Liberdade	5, 20, 36, 48
Liderança	32
Limitações (superar)	21, 26
Lógica	3, 17, 34
Manifestação	37, 46
Masculinidade	19
Maternidade	4
Maturidade	14, 21, 49
Memória (melhorar)	3, 16, 31
Memórias da infância (curar)	4, 16
Mudanças (lidar com)	22, 24, 48
Mudanças (ser capaz de fazer)	22, 24, 30, 48
Não! (ser capaz de dizer)	21
Nascimento	1, 16, 22
Natural	23, 33
Originalidade	5, 22, 38, 46

Questão para meditação:	Número da(s) carta(s):
Otimismo	20, 26, 52
Padrões de pensamento (mudá-los para melhor)	17, 30
Paixão	19, 28, 52
Passado (lidar com)	4, 16, 27
Pensamento (clareza, raciocinar melhor)	3, 17, 30, 34, 38
Poder	19, 28, 32, 49
Ponto de vista mais elevado	9, 20, 50, 51
Precisão	33, 34
Pró-atividade	19, 28, 52
Profundidade	35
Propriedade	2, 43, 45
Realismo	2
Relacionamentos	4, 7, 18, 30, 42
Relaxamento	25, 44
Responsabilidade	14, 21, 49
Satisfação	5, 11
Saúde	2, 6, 25, 33, 40
Senso prático	2, 10, 29, 33

Questão para meditação:	Número da(s) carta(s):
Senso prático (lidar com, melhor gerenciamento)	6, 33
Sentimentos	7, 18, 31, 39
Ternura	23, 51
Testes (aprovação em exames, lidar com o estresse)	9, 17, 36
Trabalho	10, 11, 19, 29, 37
Trabalho em equipe	7
Tranquilidade	40, 44
Verdadeiro consigo mesmo (ser)	5, 11, 32, 44, 49
Viagem	9, 17, 20, 36
Vigor	1, 15, 19, 28, 32, 52
Vocação	11
Zodíaco	40

12

Algumas Palavras Sobre Astrologia no Momento Presente

A humanidade, assim como os planetas, sóis e estrelas, continua em um estado de evolução. Nós sabemos disso, mas esse aspecto é levado em conta quando abordamos a Astrologia?

Por milhares de anos, as pessoas foram lentamente se desconectando da natureza. Nós perdemos o contato e a conexão com a evolução cíclica do planeta, a jornada que o Sol percorre no espaço e seu significado e, igualmente, com o efeito das frequências naturais que as estrelas têm sobre nós.

O Centro de Astrologia Holística de Karni Zor traz uma abordagem atualizada, nova e integrada para a Astrologia, colocando ênfase nas frequências naturais dos planetas e das estrelas e no que eles têm a nos oferecer nessa época de transição.

O Centro Astrológico Holístico vê a Astrologia como um processo vivo, mútuo e sempre em evolução que conecta o ser humano, o planeta Terra, o sistema solar e as estrelas distantes.

O magnífico conhecimento dos astros pelas culturas antigas, às vezes perdido, é levado em consideração, enquanto muitas das coisas equivocadamente atribuídas à Astrologia são deixadas de lado. Também estamos continuamente pesquisando e fazendo descobertas, jubilosos ao encontrarmos novos conhecimentos nunca antes revelados.

A Astrologia é muito mais do que a elaboração de um perfil pessoal e muito mais do que uma previsão semanal.

Ela é uma rota natural que converge a conexão espiritual e o desenvolvimento, uma ferramenta para o aprimoramento e a cura, e um caminho para nos lembrarmos e nos reconectarmos à nossa origem mais elevada das estrelas distantes.

Para mais informações sobre a Nova Astrologia, visite o nosso site:

www.anewastrology.com